AF250945

DE L'ESCLAVAGE

AUX COLONIES FRANÇAISES,

ET SPÉCIALEMENT A LA GUADELOUPE,

PAR M. X. TANC,

EX-JUGE DE PAIX A LA GUADELOUPE, SUBSTITUT DU PROCUREUR DU ROI PRÈS LE TRIBUNAL DE LARGENTIÈRE (ARDÈCHE).

Mais qu'entends je ?... et quels cris ont frappé mon oreille ?...
(LAMARTINE).

PRIX : 1 F. 50.

PARIS.

CHEZ { DELAUNAY, LEDOYEN, } LIBRAIRES AU PALAIS-ROYAL;

WARÉE, LIBRAIRE AU PALAIS DE JUSTICE.

1832.

A M. VICTOR DE TRACY,

DÉPUTÉ DE L'ALLIER,

AUTEUR D'UNE PROPOSITION AUX CHAMBRES EN FAVEUR DES GENS DE COULEUR.

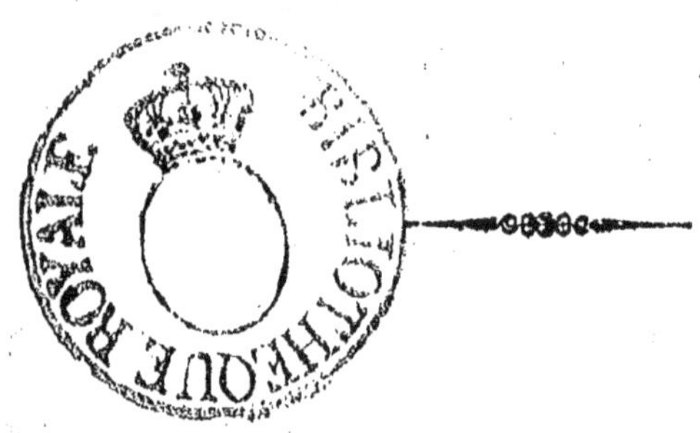

Défenseur généreux de toutes les infortunes, vous qui prêtez l'appui de vos talens et de votre indépendance à tous les opprimés, entendez les cris qui partent des plages américaines. Il n'est pas sur notre continent de maux comparables à ceux des pauvres noirs; et cependant ils sont oubliés. Les blancs et les gens de couleur ont leurs délégués; les esclaves n'ont pas de défenseur. Ils n'ont que leurs larmes et les stygmates qui couvrent leurs corps. Je n'ai peint qu'une faible partie de leurs misères; qui pourrait les compter toutes!

Cette position si affreuse les rendra plus dignes de votre courageuse bienveillance. Elevez en leur faveur une voix que l'humanité souffrante connaît si bien. C'est une mission digne du gendre de Lafayette.

Je suis avec le plus profond respect,

MONSIEUR,

Votre très-humble et très-obéissant serviteur,

X. TANG.

DE L'ESCLAVAGE

AUX COLONIES FRANÇAISES,

ET SPÉCIALEMENT A LA GUADELOUPE.

Ma traversée, et mes premiers jours à la Guadeloupe.

Je me suis embarqué au Hâvre, sur l'*Intrépide Bisson*, le 24 novembre 1828. Notre traversée fut longue et périlleuse. Le vent de bout nous prit dans la Manche, d'où nous ne sommes sortis qu'à force de louvoyer et de faire des bords, après avoir reconnu les îles Soyland, sur lesquelles nous étions menacés d'être jetés. Dans ces parages, nous avons vu rôder tout près du navire, et pendant plusieurs heures, d'énormes souffleurs, ou baleinaux, dont la masse se montrait souvent à fleur d'eau. Ce spectacle fit diversion au mal de mer qui me travaillait depuis mon départ.

Une tempête affreuse nous assaillit dans le golfe de Gascogne. Mais au large du cap Finistère, la tempête se déchaîna avec bien plus de furie. Nous avons passé quinze jours à la cape, avec nos plats-bords brisés, et tout l'horrible jeu d'un navire neuf qui semblait s'entr'ouvrir à chaque instant sous le poids des lames qui, se heurtant dans les airs, retombaient avec fracas sur le pont, et amoncelaient les eaux sur nos têtes.

Peu à peu la mer devint moins houleuse, et nous retrouvâmes enfin le beau temps, le jour de notre entrée dans les états du bonhomme Tropique, qui nous accueillit de la manière la plus aimable. La cérémonie du baptême fut très-joviale; un ciel pur et une brise favorable avaient dissipé nos tristes pressentimens (1).

Nous découvrîmes la terre le 14 janvier 1829; c'était le plateau de la *Désirade*. Notre entrée n'eut lieu que le lendemain 15 dans la rade de la Pointe-à-Pitre: un canot nous porta sur le quai.

Quelle impression que celle qu'on éprouve en foulant

(1) Le bonhomme Tropique est l'ami des marins, et mérite de faire connaissance avec mes lecteurs. Voici son histoire et celle du baptême *de la ligne*, dont les matelots sont toujours religieux observateurs. Les premiers navigateurs qui passèrent le Tropique, moins hardis que ceux de nos jours, crurent qu'il n'y avait que la protection d'une divinité spéciale qui pût les sauver des dangers d'un aussi long voyage. Si cette divinité n'existait pas, ils la créèrent; mais ce sentiment religieux fit bientôt place à d'autres idées.

Aujourd'hui on chaume cette fête comme tant d'autres; c'est une bonne aubaine pour les matelots. C'est au 23e degré de latitude que se fait la cérémonie, que sur les navires de l'état on célèbre avec pompe. Le plus vieux marin habillé grotesquement paraît au grand hunier avec une barbe vénérable. Il demande d'une voix majestueuse s'il n'y a aucun profane sur le navire. Si la réponse est affirmative, il ordonne de les laver de leurs souillures européennes. Aussitôt les nouveaux marins sont amenés, et les aspersions redoublent sur eux. Mais s'il est des accommodemens avec le ciel, il en est aussi avec les matelots, et avec un peu de générosité envers eux, ils vous distribuent également des *indulgences*.

On est moins strict observateur des us marins à bord des bâtimens du commerce; cependant de nombreuses libations s'offrent toujours au bonhomme Tropique, qui, pour tout culte, demande une journée de gaîté.

pour la première fois une terre lointaine, et qui n'est plus le sol de la patrie ! Chère France, comme tes souvenirs me semblèrent doux dans ce moment ! Que je sentis bien alors tout mon amour pour toi, à la vivacité de mes regrets !

La ville de la Pointe-à-Pitre a une vingtaine de mille âmes de population. Elle est nouvellement bâtie ; elle a de belles rues tirées au cordeau et garnies de larges trottoirs.

Le premier objet qui me frappa fut la vue de ces pauvres nègres, exposés à un soleil ardent. Ils travaillaient demi-nus, sous la surveillance d'un homme à figure livide et sèche, qui les rudoyait à chaque instant, et leur administrait de vigoureux coups de bâton.

Je longe le quai, et tout en cheminant, j'entends sortir d'un magasin des cris plaintifs, accompagnés du retentissement d'un bruit sourd. Je m'avance ; c'était un nègre que fustigeait un commis. Le noir recevait les coups au travers des reins, en protestant de son innocence, et en implorant sa grâce de ce jeune homme qui frappait toujours plus fort. Je demandai à un blanc qui était sur la porte, si ce nègre avait commis quelque faute grave. Il me répondit que son coquin de nègre avait cassé un verre, que c'était un gueux qui ne faisait attention à rien, et que son commis était bien sot de se donner la peine de lui caresser ainsi les reins à coups de bâton ; que pour lui, il l'aurait fait tailler vertement par un commandeur. Une cause si futile et un châtiment si affreux me révoltèrent.

En traversant la place du marché, je vois la foule réunie en cercle. La curiosité me pousse. Une jeune femme m'apprend que c'était une mulâtresse de quinze ans ; fort jolie, que sa maîtresse faisait battre. Elle est insolente, dit-elle avec vivacité, et se permet toujours des observations. Sa maîtresse est trop bonne ; elle la gâte et l'épargne ; quelques gouttes de sang vont lui faire peur. Moi, je la mettrais à la raison avec un régime à ma manière : des fers, un cachot tous les soirs, et quelques coups de fouet au sang pour achever la correction.

Quel pays suis-je donc venu habiter, me dis-je à moi-même : c'est un peuple d'antropophages. Que cette dureté me déplaît dans cette jeune femme ! Comment peut-on être si méchant avec une si jolie figure ! Quelle doit donc être la barbarie de ces hommes basanés, à l'air si âpre et si sec ?

Ces différentes exécutions, toutes plus révoltantes les unes que les autres, m'avaient jeté dans une grande mélancolie et causé un malaise inexprimable. Cette tyrannie d'une caste sur une autre était si opposée à nos idées d'égalité devant la loi et à notre charte des droits de l'homme, que je me sentais violemment accablé du malheur de ces enfans de la Guinée. Ce n'étaient là cependant que de faibles échantillons de leurs horribles infortunes et de la cruelle autorité des blancs sur eux.

Le lendemain passe près de moi, dans la rue des Abîmes, un jeune nègre de seize ans au plus. Il avait les mains, ou plutôt les bras *amarrés* derrière le dos, par une forte corde, dont un bout était dans la main gauche d'un habitant de haute stature, au regard sombre. Cet homme avait dans sa main droite un énorme gourdin qu'il faisait vibrer et tomber avec bruit sur les épaules et sur la tête de son esclave. Jugez des cris et des pleurs de cet infortuné. Mais cet homme va assassiner ce noir, dis-je à un blanc qui était près de moi. Ah ! vous êtes bon de vous apitoyer sur cette canaille, me répondit-il ; sans doute vous êtes arrivant et européen. Quel crime a-t-il donc commis, lui répartis-je ? C'est un nègre, reprit-il, que son maître voulait faire fustiger, et qui est parti marron. La gendarmerie l'a arrêté et conduit à la geôle. Son maître est venu le réclamer, et a été obligé de payer quatre gourdes et cinq escalins. Mais les quatre piquets vont lui être distribués en compensation. Un collier de fer au cou, armé de hautes pointes, l'empêchera bien de repartir.

Après quelques jours de repos, je quittai la Pointe-à-Pitre pour aller à la campagne visiter des lieux si nouveaux pour moi. Je ne trouvai que des routes dégradées, des rivières sans ponts, souvent des eaux stagnantes et méphitiques, et aucune de ces commodités que les voyageurs rencontrent en France à chaque pas, soit pour les besoins, soit pour les agrémens du voyage. Tout accuse d'incurie et de faiblesse les administrations successives de cette colonie. Tout proclame le vice de ce despotisme général et particulier qui détruit toute émulation et toute idée de perfectionnement.

Voilà les impressions qui m'attendaient dans ce nouveau monde. Elles effacèrent ces grandes et majestueuses scènes du spectacle des mers, et d'un premier voyage à travers l'Océan. J'ai vécu près de trois ans dans ce pays, où chaque jour m'apporta son tribut de forfaits dont je fus le triste et impuissant témoin.

Enfin parut sonner l'heure de la délivrance, lorsqu'éclata, sous le soleil de juillet, cette révolution qui n'a été que celle de la France, et qui pouvait devenir celle de l'Europe et peut-être du monde. Le navire sauveur apporta sur ces rivages le vieux drapeau de la liberté. Du fond de sa case l'infortuné nègre salua cette bannière aux trois couleurs, gage de tant d'espérances. Les anciens, accourus sur la plage, montraient aux plus jeunes le drapeau régénérateur. Les pères serraient leurs enfans dans leurs bras, et les inondaient de larmes de joie, sûrs de voir bientôt briser leurs fers : les mères surtout embrassaient leurs jeunes filles qu'elles espéraient pouvoir soustraire désormais à la passion brutale de leurs maîtres.

Signe glorieux de notre affranchissement, salut ! s'écrièrent un jour quinze à vingt nègres accourus près d'un embarcadère, pour voir la bannière de la France : salut, ô bienfaisant drapeau, qui viens nous annoncer à travers les mers le triomphe de nos amis et l'heure de notre délivrance. Ces généreux fils de la liberté flétriraient-ils tes nobles couleurs en nous laissant dans un si cruel esclavage ? — J'étais à peu de distance et assis derrière une petite élévation de terrain qui m'empêchait d'être vu, sans me priver du plaisir de voir une scène aussi touchante. Déjà ému à la vue du drapeau chéri qui me rappelait de si beaux souvenirs, le haut rang de ma patrie et les triomphes de nos immortelles phalanges, ce spectacle acheva de m'agiter vivement. J'applaudissais aux sentimens de ces infortunés ; je partageais leurs vœux et croyais à leurs espérances. Ah ! me disais-je, si ma faible voix peut leur être utile, comme j'irai peindre leurs maux, et provoquer l'indignation des Français contre leurs oppresseurs !

Ces réflexions assiégeaient mon esprit, et mes yeux étaient toujours fixés sur les trois couleurs, lorsque l'air retentit tout-à-coup de cris menaçans. Je me lève et vois accourir deux habitans, suivis de plusieurs commandeurs, armés de fouets et de bâtons. Ils fondent sur ces pauvres noirs, qu'ils frappent impitoyablement. Un de ces féroces créoles (1), dont j'aurai souvent à redire les forfaits, ren-

____

(1) Par créole on entend tout ce qui naît dans les colonies ; ainsi, il y a des blancs créoles, des mulâtres créoles, des nègres créoles.

verse un nègre, le foule aux pieds avec fureur, puis le fait lever à grands coups de bâton sur les jambes.

L'autre planteur, plus flegmatique et non moins cruel, dit froidement à son commandeur de tailler rudement un nègre qu'il lui désigna. Aussitôt ce malheureux s'étend à terre. Le commandeur placé à quatre pas, fait siffler son long fouet dans les airs, et déchire le noir sous les yeux de son maître, qui menaçait encore cet exécuteur de sa colère, lui disant qu'il épargnait le patient. Des lambeaux de chair volaient en l'air, le sang coulait, et la mèche du fouet s'enfonçait d'un pouce dans le corps de la victime.

Une jeune négresse subissait à peu de distance le même supplice : ses gémissemens se mêlaient à ceux de son compagnon qui était peut-être son frère ou son amant. Un second, un troisième et un quatrième nègres furent également fustigés, et les autres reçurent d'innombrables coups de bâton et de cravache, que les blancs leur appliquaient sans distinguer les endroits même les plus sensibles. Puis, les commandeurs les chassèrent devant eux comme un vil troupeau, et le maître le plus blême ordonna à son commandeur d'en mettre tous les soirs deux aux fers,

Les mulâtres sont appelés gens de couleur. Le nom de mulâtre est regardé comme un terme de mépris. Ils ne l'emploient pas eux-mêmes, et n'aiment point qu'on les désigne sous ce nom. Les gens de couleur sont les affranchis ou fils d'affranchis. La révolution de juillet leur a d'abord accordé la plénitude des droits civils, et une proposition de loi demande pour eux les droits politiques.

Les esclaves ne sont pas toujours noirs, cependant on les désigne sous le nom générique de nègres. Leur langage et leurs habitudes varient suivant les lieux qui les ont vus naître.

Rien de plus singulier que la définition qu'ils donnent des nuances qui séparent les trois classes de la population. Ils disent : *Blanc c'est pitit à bon Dieu ; mulâtre c'est caca à blanc, et nègre c'est pitit à diable.*

jusqu'à nouvel ordre, et de ne pas oublier de frotter d'une sauce pimentée, bien forte, les plaies des nègres qu'on avait le plus taillés.

Un frémissement d'horreur s'empara de mon âme. J'étais suffoqué de colère; c'était dans un supplice proportionné à ce crime que j'aurais voulu venger des attentats aussi révoltans. Tigres féroces, ils auront des vengeurs ces êtres innocens dont les douleurs font votre joie, et dont les sueurs alimentent vos coupables richesses.

Dès ce moment, je jurai de ne point borner ma compassion à des larmes stériles, mais de venir élever une voix courageuse contre une tyrannie, si peu en rapport avec les lois d'un peuple libre et qui se dit protecteur des opprimés. Qui refusera de m'écouter avec bienveillance et de s'attendrir en faveur de cette classe d'infortunés, qu'une insatiable cupidité va ravir sur le sol africain, pour les transporter dans les colonies, et les y assujétir aux plus rudes travaux et à toutes les souffrances morales et physiques.

Juge de paix à la Guadeloupe pendant près de trois ans, je ne raconte que ce que j'ai vu ou appris de source certaine, en parcourant moi-même les habitations. J'arrive de cette terre de douleurs pour dire tous leurs maux à la France qui les oublie. Témoin oculaire, je viens déposer dans ce grand procès de l'humanité contre l'esclavage.

Quelle cause! Quels intérêts! Quel tribunal!

Avant d'entrer dans le détail de toutes les horreurs dont le souvenir m'oppresse, je dois compte de tout ce que j'ai recueilli de renseignemens sur l'enlèvement des noirs en Afrique. J'ai réuni, dans le chapitre suivant, les divers récits que m'ont faits les matelots, les esclaves et plus d'un ex-traitant. Mais il est des atrocités tellement hideuses que je recule à les raconter. Notre civilisation froide et égoïste n'a pas foi à de telles barbaries, et à mes yeux elle est incapable d'une indignation assez énergique. Cependant au milieu de tant d'indifférence trouverons-nous peut-être quelques âmes sensibles (1).

(1) Pour rendre hommage à la vérité, je dois dire qu'à côté de monstres indignes du nom d'hommes, j'ai vu des habitans qui sont les pères de leurs esclaves, si, quelle que soit la douceur d'un maître, il peut être appelé du nom de père par celui qu'il dépouille de ses droits les plus sacrés, qu'ils ont reçus tous deux de la nature.

Enlèvement. — Départ. — Navigation. — Arrivée des nègres aux colonies.

Les souffrances des malheureux Africains commencent avec leur captivité. C'est à main armée, par le plus odieux attentat aux droits des gens que des brigands les enlèvent à leurs familles et à leur patrie. La plus noire perfidie, l'emploi de la force arrachent l'épouse et l'enfant des bras de leurs parens désolés. Les cris du désespoir retentissent partout dans les déserts où ont pénétré ces féroces Européens. Si le littoral ne suffit pas aux ravisseurs, ils vont loin des côtes et fort avant dans l'intérieur des terres exercer leurs rapines. Puis, pour ramener leurs proies, ils les entassent dans des canots au fond desquels ils les jettent tout attachés, et leur font descendre les rivières exposés à l'intensité d'une chaleur brûlante. Font-ils la route par terre ? Attachés les uns aux autres avec des fourches ou des courroies de cuir, obligés à de longues marches dans des bois et des déserts, manquant souvent d'eau ou de provisions, il en périt un grand nombre de lassitude, de besoin et par le suicide auquel les porte le désespoir.

Arrivés sur la côte, les capitaines ne les achètent qu'après leur avoir fait subir le plus honteux examen : le chirurgien les visite, comme le boucher visite le bétail qu'il marchande à la foire. Malheur à ceux qui sont refusés, une fin prompte et cruelle les punit de leurs infirmités. Que de maux seraient épargnés à ceux qu'on préfère, s'ils partageaient le sort des premiers ! Combien de larmes ils auront à répandre sur cette fatale préférence donnée à leur santé brillante et à leur vigueur ! Ils étaient libres, riches des bienfaits de la nature, respirant l'air pur de leurs campagnes; la pêche et la chasse fournissaient à tous leurs besoins; unis par un amour sans entraves, ils vivaient en paix au sein de l'innocence et du bonheur. Que la perte de tant de biens doit être accablante, surtout lorsqu'on tombe dans de si horribles maux! Ils sont jetés chargés de chaînes dans une cale étroite, qu'infecte un air pestilentiel, et où ils n'occupent pas plus de place que dans un tombeau. Une main cruellement avare leur jette à peine une nourriture sale et fétide, moins pour les faire vivre que pour les empêcher de mourir. S'il n'en périt qu'un tiers, la traversée sera bonne.

La voile s'enfle; on part. Cette patrie où ces infortunés furent élevés au milieu de tant de jouissances, fuit derrière eux; une longue et pénible navigation va les en séparer pour jamais : jamais ils ne reverront leurs pères, leurs épouses, ou leurs enfans. Ils vont souffrir et mourir, loin de leur pays, sur une terre étrangère. Que d'assassinats dans un seul crime! Que de crimes commis par l'équipage et les armateurs d'un seul navire négrier!

Ces bâtimens arrivent sur les côtes *nord* et *est* de l'île, et mettent à terre leur marchandise. L'avis en circule dans les habitations. Les commissionnaires écrivent à leurs commettans, qu'il est arrivé, dans tel endroit, une cargaison de *beaux mulets*, qu'ils n'ont qu'à s'y rendre s'ils veulent en acheter. Les jeunes habitans, les géreurs ou les économes arrivent pour faire des achats. Placés sous des hangards ou dans des sucreries, les nègres et les négresses sont exposés nus à tous les yeux. Là se renouvellent ces inspections qui font rougir l'humanité et dont on aurait même honte dans la visite des bestiaux. Chacun choisit suivant ses besoins ou ses caprices.

Ces troupeaux d'hommes sont ensuite dirigés sur les habitations, comme nous envoyons dans nos fermes des bœufs ou des chevaux.

Les scènes les plus touchantes ont souvent lieu au moment des ventes. La séparation s'exécute au milieu des cris et des gémissemens de ces infortunés, qui n'espèrent plus se revoir, et qui, tremblant les uns pour les autres, se font de longs et tristes adieux. Quelquefois aussi des reconnaissances soudaines d'amis et de parens, entre les nègres nouveaux et des nègres qui étaient déjà dans la colonie, réjouissent l'âme un moment pour la déchirer ensuite d'une manière plus cruelle.

En 1828, un navire négrier apporta trois cents nègres au bourg St-François, entre Ste-Anne et le Moule, quartier où il en débarque souvent. De jeunes Africaines étaient exposées en vente. L'une d'elles, remarquable par l'éclat de ses grands yeux, sa taille élevée et la beauté de ses formes, attirait surtout les regards des assistans. Tout-à-coup un nègre, domestique d'un des habitans accourus à ce marché, et qui avait été acheté dans une cargaison deux ans auparavant, s'élance au-devant de l'Africaine. Ima ! Ima ! s'écrie-t-il. — Lichi ! Lichi ! répond l'Africaine qui l'a reconnu; et ils courent l'un vers l'autre, s'embrassent, se livrent à des transports de joie, aux plus doux épanchemens. Le nègre la quitte soudain, et vient se jeter aux pieds de son maître; ses larmes coulent en abondance, il peut à peine parler. C'est mon amie, lui dit-il, ma femme dans mon pays. Je mourrai si Ima ne m'est pas rendue; Ima mourra si Lichi n'est plus avec elle. Bon maître, ne creusez pas notre fosse à tous deux par votre refus.

L'habitant fut attendri par cette demande. Il craignit

d'ailleurs de perdre ce nègre qui était actif, fidèle, et le servait très-bien. Il acheta l'Africaine, et leur fit ensuite raconter leur histoire, qu'il me répéta en ces termes :

Histoire d'Ima et de Lichi.

LE PLANTEUR. Le lendemain de cet achat, de retour sur mon habitation, après avoir fait ma sieste dans mon hamac, je fis venir Lichi et Ima, et comme je ne comprenais pas le parler de cette négresse nouvelle, je dis à Lichi de me raconter leur histoire. Lichi me fit le récit suivant :

LICHI. Je suis madingo, du royaume de Barsalli. Notre chef est un damel puissant qui commande un grand peuple; mais il est méchant, méchant trop. Il est l'ami des Européens qui lui donnent bien à boire, et lui apportent de belles choses. Notre damel leur fournit des esclaves. Comme il aime beaucoup le tafia des blancs, et leurs marchandises, quand il n'a pas de prisonniers des autres peuplades, il prend parmi ses sujets, soit ceux qu'il veut punir, soit d'autres qu'il enlève de force ou par trahison.

Un jour qu'il était arrivé à Ivar un navire d'Europe, il vint la nuit se mettre en embuscade près de notre bourg, et enleva mon père, le matin, quand il allait travailler à son manioc, ensuite il l'envoya comme esclave au navire d'Europe. Le père d'Ima fut pris le même jour: il était dans une case près de la nôtre. Nous pleurâmes beaucoup avec Ima; nos mères pleurèrent aussi.

Après cela, un jour que nous étions allés dans les champs, pour cueillir des bananes et apporter des ignames et des madères, c'était près de la rivière, nous vîmes venir un canot. Ma mère et la mère d'Ima nous cachèrent sous des feuilles de bananes et coururent vers les bois. Bientôt les blancs paraissent sur le rivage, les aperçoivent et courent après elles. Les blancs les prirent, les lièrent et les mirent dans leur canot. Ima et Lichi mouraient de peur. Quelle fut notre tristesse en entendant les cris de nos mères ! Quand le canot fut loin, bien loin, nous revînmes à la case, et nous trouvâmes le vieux père de notre père étendu à terre et tout souffrant. Il nous apprit que des blancs étaient venus, qu'ils l'avaient vu si vieux qu'ils n'avaient pas voulu de lui, mais qu'ils l'avaient bien battu. Il se lamenta en apprenant que nos mères avaient été enlevées. Puis il nous dit de ne pas le quitter. Dès qu'il fut mieux, il nous emmena loin de la rivière ; je l'aidai à faire un ajoupa, et nous plantâmes du manioc, des bananes et des malangas.

Ima m'aimait, et Lichi aimait Ima. Lichi fit à Ima une natte bien bonne pour se coucher : Lichi fit encore à Ima des cages pour des oiseaux, et lui apportait des poissons et des fruits.

Les blancs vinrent encore, pendant que Lichi était au bois et Ima avec Lichi. Les blancs ne voulant pas du père de mon père, qui était vieux, le tuèrent. En arrivant, nous le vîmes tout couvert de sang et la tête ouverte. Nous pleurâmes ce bon père, et nous l'enterrâmes près de notre ajoupa. Tous les jours nous mettions des bananes, des ananas et du manioc sur le tombeau de notre père pour qu'il se réjouit, et pour satisfaire les zombis.

Ima continua d'aimer Lichi, et Lichi toujours bien son Ima : mais Ima devait bientôt perdre Lichi. Les blancs vinrent encore, mais par les bois. J'y étais allé seul pour couper un chou-palmiste que mon Ima aime bien. Arrivé près du palmiste, des blancs armés courent sur moi, ils me saisissent, m'entraînent et me mettent sur leur navire. Je voulus mourir puisque j'étais séparé d'Ima; je me jetai à la mer, mais on me repêcha. Je refusai de manger, mais le capitaine, méchant blanc, me fit pendre et battre long-temps. Il fit approcher des charbons ardens de mes lèvres, et je mangeai un peu. Enfin j'espérai revoir Ima; je priai le grand Être d'écarter d'Ima tous les mauvais zom-bis, et je vécus.

Ima, amoureusément penchée sur Lichi, ajouta qu'après avoir attendu long-temps Lichi, et voyant qu'il ne revenait pas, elle avait parcouru les bois en tous sens; qu'alors elle s'é-tait livrée aux pleurs. Elle fut prise par des marchands noirs, enfermée dans une grande case, bien sombre près de la mer. Elle y resta jusqu'à l'arrivée d'un bâtiment sur lequel elle fut embarquée. Deux blancs se disputèrent et se bat-tirent à cause d'elle sur le navire; l'un des blancs fut tué, et l'autre la mit dans sa case à bord. En finissant ces mots, Ima regarda Lichi, pour lui faire entendre qu'elle ne lui avait pas été infidèle, mais que le blanc avait usé de sa force et de son pouvoir, sans l'assentiment de la victime de sa brutalité.

Nègres nouveaux sur les habitations.

Lorsqu'un habitant a acheté des nègres de différens âges, il les distribue de la manière suivante : les plus jeunes sont répartis dans les cases des anciens nègres; on leur donne un parrain et une marraine qui, d'après les usages, devraient en avoir soin, les habituer à parler, les former aux différens travaux, leur apprendre le respect qu'ils doivent à leur maître, et les faire trembler par la menace des châtimens qu'il peut leur infliger. Mais ces pauvres négrillons tombent souvent en partage à des nègres durs et méchans, qui leur dérobent une partie de la nourriture qu'ils reçoivent pour eux, et les traitent de la manière la plus inhumaine. Ces exemples sont malheureusement trop fréquens. Les plus âgés sont ordinairement placés dans une pièce commune, et sont plutôt assujettis au travail et soumis de bonne heure à la rude discipline de l'habitation.

Ce changement de position, la triste et déplorable perspective qui s'ouvre devant eux, cet avenir si noir, qui ne leur présente que peines, douleurs, la plus horrible servitude et jamais la douce et sainte liberté; la vue de ce tableau agite leur âme, les pensées les plus accablantes les assiègent, ils succombent bientôt. D'autres plus énergiques et plus fiers s'arrachent la vie. Il n'est point rare d'en voir jusqu'à douze ou quinze se dérober à la vigilance de leurs surveillans, et aller se pendre les uns près des autres dans les forêts voisines. Ils croient quitter cette terre ennemie et aller ressusciter dans leur pays sans repasser les mers. Heureux résultat de leur superstition , qui les retire d'une terre dévorante et de mille tourmens.

La vie du désert a donné à quelques-uns un caractère indomptable. Habitués à combattre et à ne céder qu'à la force, ce n'est que par la sévérité excessive qu'on déploie contre eux qu'ils finissent par se courber au joug de l'esclavage. J'en ai vu de jeunes et beaux qui certainement étaient des fils de chef de tribus ou peuplades, s'indigner qu'on leur commandât de travailler, et s'y refuser avec hauteur. Alors on les saisissait, on les couchait à terre, liés à quatre piquets, ou tenus par quatre vigoureux nègres, et un farouche commandeur les taillait à coups de fouets, jusqu'à ce que les forces vitales les abandonnassent. Leurs chairs, en quelque sorte hâchées sous les coups de fouets, étaient ensuite arrosées avec du jus de citron, mêlé de piment, pour prévenir la gangrène, et ajouter en même temps à l'excès de la douleur.

Des femmes qui avaient conservé l'habitude sanguinaire de leur vie sauvage, ont été surprises donnant la mort à des enfans, et faisant de leur chair une affreuse nourriture.

En janvier 1830, au quartier du Petit-Bourg, chez M. de F..., habitant, une négresse nouvelle invite une négresse créole à manger du calalou, sorte de hâchis d'herbes et de lard. La négresse créole trouve dans le coui (1) où nageait son calalou le doigt d'un enfant. Elle frissonne, s'enfuit, va dénoncer à son maître la découverte qu'elle a faite, et s'abandonne aux plus vives lamentations. La malheureuse était mère d'un jeune négrillon qui avait disparu depuis trois jours; elle devait le retrouver à cet horrible repas. Le maître arrive, ordonne de fouiller la case, et l'on découvre un vase dans lequel

____

(1) Petite calebasse vidée et qui sert de plat et d'assiette aux nègres.

avaient été pressés les morceaux sanglans du cadavre du négrillon, mis en réserve pour les jours de fêtes. Je qui - tai la Guadeloupe peu de temps après , et j'ignore la conduite qui a été tenue par le maître et par les magistrats.

A l'arrivée des nègres nouveaux , le maître leur donne ordinairement un petit pantalon de toile et une chemise de coton peint. Quelquefois on y ajoute un bonnet ou un chapeau. Voilà sa garde-robe. Quand il commence à travailler, il reçoit une houe et un coutelas. Malheur à lui s'il égare ou brise un de ces instrumens !

On distribue au nègre nouveau de la farine de manioc et un petit morceau de mauvaise morue pour sa nourriture. Dès qu'il sait travailler, on supprime ces distributions , et il doit se nourrir par la culture d'un petit coin de terre appelé jardin , où il ne pourra aller que pendant les heures du repos, et quelquefois le samedi. Le reste du temps est réservé pour le maître ; tout sera fait dans son intérêt seul. Il ne fournira plus ni linge , ni nourriture , ni paiement. Il exigera tout et ne donnera rien.

Du jour où a commencé leur esclavage, il faut que ces pauvres Africains se dépouillent de leur qualité d'hommes, pour être assimilés à nos animaux domestiques , ou à de simples machines. Ainsi, plus de volonté , plus de désir, plus de propriété. L'esclave, par le contrat de vente , devient *la chose* du maître. C'est un automate dont tous les mouvemens seront calculés et réglés sur l'intérêt de son propriétaire, et pour exécuter avec rigueur des ordres arbitraires.

Devant la loi , il n'aura pas plus de droits ; battu , mutilé, laissé mort sous les coups de son maître, il souffrira et rendra le dernier soupir comme l'insecte qu'on écrase sous les pieds. Un étranger le frappera-t-il à lui briser un membre, à faire jaillir son sang, à le mettre long-temps hors d'état d'agir, le maître seul pourra porter plainte, l'esclave n'a pas même ce droit. Une légère amende, de faibles dommages-intérêts seront toute la punition du blanc : car, d'après le système colonial, il n'a tout au plus que détérioré la chose du maître. Un esclave, aux yeux des colons, n'est pas un homme.

Coup-d'œil des habitations.

L'aspect qu'offrent les habitations indique promptement à l'observateur philosophe le génie qui préside à leur administration. Les cases des nègres, construites en planches clouées sur des poteaux, ou composées de claies qui soutiennent un torchis de terre grasse, sont placées en ligne et à portée d'être surveillées par le propriétaire ou par le géreur. Là, point de meubles, point de provisions. Quelques couis, ou vases de calebasse et de coco, une natte pour y étendre des membres raidis par le travail et tout meurtris de coups, et un mauvais banc, telles sont les pièces dont se compose ce triste mobilier.

La case principale, placée à peu de distance de celle des nègres, est occupée par le maître. C'est là que ce prétendu pacha berce son orgueil, satisfait ses fantaisies et ses honteux caprices, et lance les arrêts de ses fureurs. C'est le plus dégoûtant séjour de l'ignorance, des préjugés grossiers et des passions les plus violentes. La fatuité aristocratique, qui tourmente en général les créoles, est risible au dernier point. Un garde-chasse autrichien s'y fait passer pour ex-grand-veneur; le fils d'un barbier ou d'un saltimbanque y parle de sa généalogie, des parchemins et des guerres de ses ancêtres. J'ai vu là le petit-fils d'un paysan des Basses-Alpes qui, infatué de la jolie fortune que son père avait gagnée en qualité de procureur, ce qui me dispense des explications à cause du pays et de l'époque, affichait le gentilhomme, singeait le grand-seigneur, et poussa même le ridicule jusqu'à se décorer de la croix de Malte, qu'un avis de l'autorité lui fit bientôt quitter. Devenu acquéreur d'une petite propriété appelée

Beauvoisin, ce nom lui parut sonore, et il l'adopta en l'ajoutant au sien. Les malins rirent tant du contraste de ce nom de Beauvoisin, avec le caractère et la physionomie de celui qui le portait, qu'il fut obligé de l'abandonner et d'en revenir à son modeste nom plébéien.

Les colons se targuent de leur notabilité ridicule, et sont chargés de dettes, au point qu'ils seraient dépouillés de tout si l'expropriation, si long-temps désirée et attendue, était enfin admise. Ils étalent du luxe et ne paient pas les plus légitimes salaires. Avant l'organisation judiciaire, ils recevaient à coups de bâton les ouvriers qui venaient réclamer l'argent dû à leurs pénibles travaux et nécessaire au soutien de leurs familles.

J'ai vu des habitans notables, ce nom leur convient ici, tapisser leurs appartemens avec les lettres de leurs créanciers ou les assignations qu'ils recevaient. A table, vidant le champagne, ces joyeux convives, dont la loi protége la mauvaise foi, portent des toats à la patience et au nombre des créanciers. On se dispute à qui aura reçu plus de demandes importunes dans la semaine, assignations, significations et saisies ; c'est à qui mieux mieux ; les tours joués aux records et les mensonges dont on a payé les porteurs de billets ou autres titres, sont des sujets intarissables de conversation. Vit-on jamais un dévergondage semblable ? Sur toutes les habitations sont bâtis des réduits où vont languir tour à tour les noirs qui ont encouru le déplaisir de leurs maîtres. C'est un cachot étroit, obscur, humide, où le corps ne peut ni se tenir droit, ni s'allonger à terre, supplice affreux, digne des cannibales qui l'ont inventé, et qui y condamnent les victimes de leurs caprices. Une boutade les y fait jeter, une boutade les y fera dépérir de besoin et de douleur.

Les nègres des champs sont encore plus malheureux que ceux de la ville. Ces derniers ont des occasions de se procurer quelque argent avec lequel ils s'habillent plus proprement, car la vanité est leur vrai côté faible ; ils peuvent se donner aussi quelques douceurs en tafia ou autres choses. Mais à la campagne, ils se procurent difficilement le nécessaire, et rarement en trouve-t-on qui suffisent à leurs besoins. Ils sont dans une telle indigence que des haillons leur couvrent à peine la moitié du corps. Rien de plus indécent que ces négrillons des deux sexes, qui restent, jusqu'à l'âge de douze ans et au-delà, sans aucun vêtement, même sous les yeux des filles du propriétaire.

Nègres et négresses fument avec une grande passion, qu'ils satisfont à peu de frais, puisqu'ils récoltent eux-mêmes leur tabac. C'est un spectacle singulier que celui qu'offrent ces tourbillons de fumée qui se jouent autour d'une figure féminine.

Là point de ces chansons d'amour ou de patriotisme dont nos paysans et surtout nos Dauphinois font retentir les vallées. Des complaintes, quelques chants allégoriques sur leur sort s'entendent parfois ; ce n'est pas la joie et le bonheur, c'est la douleur qui s'exhale. Le silence de la campagne n'est interrompu que par les lugubres coups de fouets et par les gémissemens des patiens que leurs bourreaux déchirent. Vous faites souvent des lieues entières sans que ce terrible et barbare son discontinue de frapper l'oreille.

On appelle *roulaisons* l'époque des récoltes, comme nous appelons les nôtres moissons et vendanges. Ce sont de rudes momens pour les esclaves : sur pied la nuit et le jour, ils n'ont pas un moment de repos. Dans les sucreries, des tourbillons de fumée s'échappent de cinq chaudières en ébullition, remplissent une vaste pièce sans fenêtres, et les nègres apparaissent à peine à la pâle clarté que projettent des gommes, se tiennent debout devant les chaudières, plus près du foyer, occupés incessamment à faire passer, avec d'énormes cuillers, le vesou (1) d'une chaudière dans une autre.

Près de là, le cri aigu et monotone du moulin, dont de gros cylindres en fer servent à broyer les cannes, rappelle aux négresses qui le fournissent, que, si le sommeil les surprend, une seconde suffit pour leur faire perdre un bras et même la vie. Hélas ! ces funestes exemples ne se répètent que trop dans ces travaux meurtriers qui alimentent notre luxe européen. On se plaint de la cherté du sucre des colonies : que serait-ce s'il fallait le payer au prix du sang qu'il fait répandre ?

Ce temps des roulaisons donne à la sévérité des maîtres un nouveau degré d'extension. Ils sont continuellement sur pied, et marquent leurs rondes nocturnes par des châtimens multipliés. Tantôt c'est le *quart* entier du moulin qui est fustigé, tantôt c'est celui de l'équipage (2). Je me rappelle avec horreur une de mes premières nuits des colonies : je fus réveillé à trois reprises différentes par les gémissemens des esclaves qu'on lacérait à coups redoublés. J'appris le lendemain que le maître s'était mis en fureur contre son atelier, parce qu'une dent du moulin

______

(1) On appelle vesou le jus exprimé de la canne.

(2) Les colons habitués au langage des marins appellent quart la réunion des nègres qui desservent le moulin ; par équipage on entend les cinq chaudières dans lesquelles on fait cuire le vesou.

s'étant cassée, les nègres n'avaient pu faire autant de sucre qu'à l'ordinaire.

L'avarice et l'orgueil des créoles ne permettent pas aux esclaves de porter des souliers ou autres chaussures; aussi des accidens fréquens causent des maux de pieds aux noirs, et leur attirent de douloureuses maladies. Tantôt ce sont des épines ou des clous enfoncés dans les chairs, tantôt ce sont des chiques, pucerons presque imperceptibles, qui se glissent sous la peau, pénètrent plus avant, s'y logent, pondent, et occasionent d'abord un simple chatouillement, puis de graves douleurs, et quelquefois nécessitent des opérations fâcheuses. La mauvaise qualité des alimens, et le défaut de chaussures, sont la cause de cet horrible gonflement de jambes, qui atteint si souvent les nègres, et qu'on connaît sous le nom d'éléphantiasis.

L'avarice du maître spécule même sur le court sommeil de ces infortunés. La cloche a sonné une heure et souvent deux avant le jour, et le fouet aigu du commandeur a retenti trois fois. Les esclaves sortent de leurs cases, et s'avancent encore tout exténués des coups et des fatigues de la veille : ils sont comptés, puis dirigés vers les champs; d'autres sortent du cachot et, liés deux à deux avec de grosses chaînes, vont également au travail.

Les retardataires sont punis depuis quatre jusqu'à dix et quinze coups de fouet. Arrivés dans les champs qu'ils doivent sarcler, ou fouiller ou planter, on les met en ligne. Les commandeurs se placent à peu de distance derrière eux; au moindre signe de relâche, ils appliquent à un nègre plusieurs coups de fouet, ou bien le tirent du rang, le font coucher, et le taillent plus long-temps. Survient-il un grain, ou forte ondée, le travail n'en continue pas moins, et l'on ne se retire qu'à la dernière extrémité. Au retour, comme ils manquent de rechanges, ils sont obligés de rester ainsi baignés jusqu'aux os.

Le soir, après le travail, les nègres s'assemblent encore, portant chacun un paquet d'herbes pour les bestiaux. Avant de se retirer dans les cases, le commandeur rend compte à l'habitant ou au gérour, qui, suivant les rapports et d'après sa mauvaise humeur, excitée quelquefois par l'abus du tafia, ou par des visites d'huissiers, fait distribuer sans mesure des coups de fouet, condamne les uns au cachot, les autres aux fers, ou à un supplément de travail pour le samedi ou le dimanche, seuls jours donnés à ces malheureux pour cultiver le jardin qui leur fournit la nourriture que leur refuse l'avarice de leurs maîtres.

La civilisation européenne, en brisant le joug féodal, nous délivra de plusieurs tributs humilians exigés par les seigneurs avec la dernière insolence; le droit de prélibation dut surtout armer l'énergique indignation de nos pères, flétris et frappés par le côté le plus sensible à des hommes d'honneur. Le droit de propriété des maîtres sur leurs esclaves leur fait revendiquer cette prérogative de leur position, dont ils abusent avec excès. Dès l'âge de onze ou douze ans, ils cherchent à cueillir cette fleur qui était réservée à l'amour : mais des négrillons plus heureux ont presque toujours commis le doux larcin.

Les plus belles des jeunes négresses sont mises en réserve par eux, confiées à une duègne de l'habitation, qui doit les surveiller et bien les garder pour le maître; mais, du reste, les rangs des négresses sont parcourus à volonté, et la crainte seule des châtimens et de la colère de leurs tyrans fait qu'elles s'abandonnent à eux à la seule manifestation de leur volonté.

Un des plus odieux abus de l'esclavage, c'est l'abrutissement dans lequel, par intérêt, on cherche à maintenir les noirs. On ne tolère rien de ce qui peut leur révéler la dignité humaine, et cette égalité à laquelle ont droit tous les enfans de la nature. Le mariage y est proscrit entre nègres, comme contraire au système colonial; si l'on en voit quelques-uns, c'est entre nègres créoles, que leurs maîtres ne veulent pas pousser au désespoir.

Les planteurs veulent que les esclaves n'aient entre eux que des rapports de bestialité, qu'ils ne soient unis que par des conjonctions qu'ils puissent rompre à volonté. Plus ils sont assimilés aux animaux, plus ils sont dégradés, moins ils auront l'idée et le désir de secouer leurs chaînes, et de les briser sur les têtes de leurs oppresseurs. C'est d'après ce principe qu'il est défendu, sous des peines sévères, d'apprendre à lire et à écrire aux noirs.

Pour affaiblir l'esprit de famille et les affections de la parenté, les enfans sont enlevés à leurs mères dès qu'ils sont sevrés, et confiés à une vieille négresse qui, par sa sévérité, les façonne de bonne heure à la vie dure et pénible à laquelle ils sont destinés.

Comme il y en a fort peu qui atteignent un âge avancé, les maîtres ont peu de vieillards à leur charge, et Dieu sait cependant comment ils s'acquittent envers eux de la reconnaissance qu'ils leur doivent! Cette rare longévité est pénible, semée d'angoisses et d'amères douleurs. Mieux vaudrait pour eux de ne pas avoir poussé si loin les bornes de la vie. Du reste, je le répète, ces exemples sont rares; en les tuant jeunes, on se dispense de les nourrir vieux.

Des lois et réglemens qui établissent l'autorité des maîtres.

L'histoire des souffrances des esclaves est toute entière dans les lois qui ont établi cette fatale autorité, source de tant de douleurs, et de si monstrueux outrages à l'humanité. Rappelons seulement quelques-unes de ces dispositions atroces, sanguinaires, qui sont consignées dans le code noir. Nous y verrons que c'est sous la sauve-garde des lois, qu'on a tourmenté et massacré, pendant plus de trois siècles, une classe d'hommes digne d'un meilleur sort.

Si cette funeste partialité des lois est encore augmentée par celle des magistrats chargés de les faire observer; si ces magistrats favorisent l'oppresseur aux dépens des opprimés, que le sort de ces derniers doit être à plaindre ! Car il faut le dire, les meilleures intentions des magistrats venus d'Europe sont toujours paralysées par l'influence de créoles qui occupent les places les plus élevées de la magistrature. Or, avec leurs préjugés de castes, leurs intérêts et leurs relations de famille, comment espérer que des créoles cherchent à adoucir pour des noirs la rigoureuse pénalité des lois?

Citons maintenant : Français, lisez et frémissez; je me dispenserai de commentaire.

Code noir. L'art. 28 déclare que les nègres esclaves ne peuvent rien posséder qui ne soit à leurs maîtres; leurs enfans et parens, soit libres, soit esclaves, ne pouvant rien prétendre par succession, disposition, etc.

Les esclaves ne peuvent, selon l'art. 35, être partie, ni en jugement, ni en matière civile, tant en demandant qu'en défendant, ni être partie civile en matière criminelle.

Art. 33 et 34. L'esclave qui aura frappé son maître, sa maîtresse, ses enfans, avec effusion de sang, ou au visage, sera puni de mort; et quant aux excès et aux voies de fait commis par les esclaves contre les personnes libres, Sa Majesté entend qu'ils soient sévèrement punis même de mort, si le cas y échet.

Art. 42 et 43. Il est permis aux maîtres de faire enchaîner et battre de verges les esclaves qui seront *en faute*; mais il est défendu de les mutiler, ou de leur donner la mort, sous des peines qui ne sont pas stipulées.

Art. 38 et 39. L'esclave fugitif qui se sera absenté pendant un mois, à compter du jour que son maître l'aura dénoncé à la justice, aura *les oreilles coupées*, et sera marqué d'un fer chaud sur une épaule. S'il récidive, il aura *le jarret coupé*, et sera marqué sur une autre épaule, et la troisième fois, *il sera puni de mort*.

Ces lignes suent le sang. Non, une horde sauvage d'Afrique ou d'Amérique n'aurait pas porté contre des délits si légers des peines si barbares. Français, parlez maintenant de la douceur de vos mœurs, de votre civilisation élégante et polie, de votre enthousiasme pour la liberté. Quel contraste choquant! Quoi! si libéraux en France, et si tyrans sur le sol américain!

Je veux bien convenir que l'influence de la révolution française, et les changemens opérés dans les mœurs, ont fait tomber en désuétude celles de ces dispositions qui sont les plus cruelles. Cependant le réglement en vigueur à la Guadeloupe, triste héritage de la domination anglaise dans cette île, ce réglement d'après lequel on juge aujourd'hui les esclaves, consacre la plupart de ces dispositions.

J'ai cru nécessaire d'en extraire quelques articles qui donneront une juste idée des autres.

Articles extraits du réglement concernant la police générale de la colonie, par son excellence le lieutenant-général, Georges Berkwith, gouverneur de la Guadeloupe pour les Anglais, en 1810.

Art. 15. — L'esclave qui aura frappé un blanc ou homme libre, sera puni corporellement; si c'est son maître, sa maîtresse ou leurs enfans, et avec contusion ou effusion de sang, il sera puni de mort sans rémission.

Art. 16. — Pourront les maîtres, lorsqu'ils croiront que leurs esclaves l'auront mérité, les faire enchaîner et battre de verges et de cordes, sans néanmoins les excéder de coups, chaque châtiment ne pouvant aller au-delà de 29 coups de fouet. Leur faisons défenses de leur mutiler les membres, ni de leur donner la torture, à peine de confiscation des esclaves, et d'être procédé contre les maîtres extraordinairement, sauf à remettre les dits esclaves à la justice, dans les cas qui mériteraient une punition plus sévère que le fouet.

Art. 21. — Tout esclave qui sera surpris enlevant ou ayant enlevé un bâtiment pour s'évader ou pour favoriser l'évasion de quelque blanc ou noir, sera réputé avoir commis un vol qualifié, et, comme tel, condamné à une peine à infliger suivant les circonstances.

Art. 22. — Faisons défense à tous maîtres de laisser *vaguer leurs esclaves,* et de les envoyer hors de chez eux sans un billet contenant le nom de l'esclave.

Tout esclave rencontré soit dans les villes et bourgs, soit à la campagne, sans un billet, sera dans le cas d'être arrêté; les esclaves des villes pourront être porteurs de billets pour quinzaine, les seuls ouvriers exceptés, qui pourront en avoir pour un mois.

Art. 25. — Défendons pareillement aux maîtres des esclaves de leur permettre de tenir des maisons particulières, sous prétexte de métier, commerce ou autrement, à peine de confiscation de l'esclave et des effets dont ils se trouveront en possession , la moitié au profit de dénonciateur, l'autre moitié au profit de la police; ce qui aura lieu un mois après le jour de la publication du présent.

Art. 28. — Il est permis à tous habitans de se saisir de toutes les choses dont ils trouveront les esclaves nantis à la campagne. Lorsqu'ils n'auront pas de billets de leurs maîtres, et sur leur dénonciation, la moitié leur sera adjugée, et l'autre moitié au profit de la police.

Art. 33. — L'esclave trouvé sur une habitation étrangère, sans permission du maître, sera châtié de 15 coups de fouet et mis dehors par police domestique.

Art. 34. — Défendons à tous aubergistes, cabaretiers ou gens libres de la ville de donner gîte ou retraite à un esclave des villes ou des campagnes, à l'exception des voyageurs, porteurs d'ordres de leurs maîtres, à peine de 500 livres d'amende.

Art. 36. — L'esclave qui sera rencontré portant un fusil, poudre, plomb et balles, sans une permission de son maître, sera arrêté, conduit en prison et puni, sur la simple vérification, du carcan et du fouet; et si l'arme n'est pas étampée, il pourra être poursuivi comme pour port d'armes, si le fait vient de lui, et si c'est du fait de son maître, l'arme sera confisquée , et le maître condamné à l'amende de 100 livres.

Art. 37.— Il est défendu à tout esclave d'avoir dans sa case aucune arme, sous quelque prétexte que ce soit; et si dans les visites, il y en est trouvé, l'esclave sera pris et attaché au carcan, et le maître condamné à l'amende de 100 livres, pour n'y avoir pas mis ordre.

Art. 38.—Tout esclave arrêté sans billet sera conduit en prison, la prise et l'amende payées comme pour marronnage, suivant le lieu où il aura été arrêté. Si c'est dans la ville, et que l'*esclave* soit à un domicilié, il sera puni simplement du fouet, et le maître mis à l'amende de 9 livres au profit des gens de la police qui l'auront arrêté.

Art. 39. — Il est fait très-expresses inhibitions et défenses à tout esclave, sans un billet de son maître, de porter dans les chemins et dans les rues aucune arme offensive, comme fusil, épée, coutelas, couteau droit ou flamand, à l'exception des couteaux appelés jambettes, sans ressorts ni viroles, à peine d'être attaché au carcan pendant quatre heures pour la première fois, et du fouet par la main du bourreau en cas de récidive. Défendons également aux marchands, boutiquiers et colporteurs, sous peine de 100 livres d'amende, de vendre, ni débiter aucune desdites armes aux esclaves, sans un billet de leur maître qui les autorise à en acheter.

Art. 40. — Défendons à tous nègres esclaves appartenant à différens maîtres, de s'assembler sur les habitations, à l'entrée des bourgs, sur les grands chemins et lieux écartés, sous peine de punition corporelle, qui ne pourra être moindre que le fouet et la marque, et même de mort en cas de circonstances aggravantes, auquel cas les maîtres qui l'auront souffert, perdront le prix de leurs esclaves; et celui sur l'habitation duquel se sera passé le désordre, et qui l'aura également souffert, sera condamné à 300 livres d'amende, applicables, moitié au profit de la caisse publique, l'autre moitié au profit des officiers de police qui auront arrêté lesdits esclaves.

Art. 41. — Les maîtres ou autres qui seront convaincus d'avoir permis ou souffert chez eux des assemblées d'esclaves de quelque espèce qu'elles soient, d'avoir prêté ou loué leurs maisons auxdits esclaves, sans une permission du procureur du Roi (ce qui ne pourra avoir lieu que rarement, même en temps de carnaval, à cause des désordres qui s'ensuivent), seront condamnés savoir : les maîtres qui l'auront permis, à 100 livres d'amende, et ceux qui auront prêté ou loué leurs maisons, à 300 livres d'amende au profit de la caisse publique.

Art. 42. — Défendons pareillement ces réunions d'esclaves des deux sexes, qui ont pour prétexte des messes et des pains bénits, et tout luxe ou vêtement extraordinaire dans leurs convois funéraires. Recommandons aux ministres du culte d'user de toute leur influence pour faire rentrer les esclaves dans le véritable sens et objet unique de ces cérémonies religieuses, pour arrêter le cours de ces pratiques et démonstrations superstitieuses, qui blessent la religion et nourrissent des idées de désordre.

Art. 43. — Défendons aux esclaves en tout temps, mais particulièrement aux heures de la provision, soir et matin, *de jouer, de faire combattre des coqs*, de s'assembler sur le bord de la mer ou autre endroit, à peine de punition corporelle. Il sera permis à toute personne de les prendre et arrêter sur le fait, et de les faire emprisonner pour être poursuivis par le procureur du roi.

Art. 44. — Tout esclave travaillant dans son jardin, et qui y mettra le feu sans l'agrément de son maître, sera fouetté par la main du bourreau et attaché au carcan pendant trois jours consécutifs.

Art. 46. — Enjoignons à tous propriétaires d'esclaves, à leurs gérans, économes, ou représentans, dans toute l'étendue de la colonie, de faire cesser à neuf heures du soir, soit sur les habitations, soit dans les bourgs, toute espèce de danse et le son des tambours, ou autres instru- mens bruyans qui accompagnent le grugement du manioc, à peine de 100 livres d'amende contre le contrevenant.

Art. 48. — Dans tous les cas d'infraction au présent réglement, sur lesquels il n'est point spécialisé de peine dans les articles précédens, la punition sera déterminée d'après la gravité des faits par MM. les procureurs du roi, sous notre approbation.

Voilà les bienfaits de notre civilisation, les progrès de nos lumières ! Voilà la charte que nous avons *octroyée* aux nègres de nos colonies ! Si l'on ne retrouve plus dans ce réglement, comme dans le code noir, les cages de fer ardentes, les buchers et les jarrets coupés, les sanctions pénales portées contre les plus légères fautes ne sont-elles pas encore les coups de fouet ou de corde, la marque, le carcan, les fers et la mort ? Quelle peine proscrire en effet contre les esclaves ? La prison ? ils y sont de fait pour la vie. Les amendes ? ils sont dépouillés de tout. La pri- vation des droits civils ou politiques ? on leur refuse la qualité d'hommes. C'est leur sang qu'on exige ; du sang, et toujours du sang, car ils ne possèdent pas autre chose.

Rapprochez de cette sévérité épouvantable dont le légis- lateur s'est armé contre les noirs, l'absence complète de dispositions pénales contre les crimes des blancs envers les esclav s, et vous verrez que c'est l'impunité consacrée en faveur du despotisme le plus honteux et le plus révol- tant. Ces sortes de crimes des blancs sont tarifés. Avec de l'or, ils peuvent imiter ce romain qui parcourait les ruos, distribuant des soufflets aux passans, auxquels un esclave qui·le suivait donnait le nombre de deniers fixé par la loi pour ce genre de délit.

Si ces rigueurs sont indispensables pour contenir les esclaves, l'esclavage ne peut être toléré. Les lois ne doivent point consacrer des massacres, des mutilations, ou des assassinats juridiques, et la nation, au nom de laquelle se commettent tant d'atrocités, amasse contre elle une éternelle ignominie.

Abus d'autorité de la part des maîtres.

Les lois coloniales sont trop favorables aux planteurs, pour qu'ils n'abusent pas des priviléges qu'elles attachent à leur despotisme. Voyons comment ils se sont servis de cet instrument du pouvoir arbitraire, si dangereux dans toutes les mains, mais surtout dans celles d'un simple citoyen.

Il est notoire, à la Guadeloupe, que grand nombre d'habitans outrepassent sans mesure les peines fixées par les ordonnances. Habitans et géreurs sont loin de dissimuler les exécutions qu'ils ordonnent de temps en temps, et dans lesquelles ils font appliquer depuis trente jusqu'à cent coups de fouet et même plus. Un de ces planteurs voulant se débarrasser d'une vieille négresse, la fit tailler successivement par trois commandeurs, et la laissa ensuite terminer ses jours dans un cachot.

Le poison fait-il des ravages sur une habitation? Aussitôt on fait arrêter les noirs qui paraissent le plus suspects. Au lieu de les remettre entre les mains de la justice, avec les indices et les preuves de leur culpabilité, l'habitant se constitue chez lui tribunal souverain, fait enfermer dans un cachot le nègre soupçonné, son arrêt est porté, il faut qu'il y meure de faim, ou sous les coups. On m'a affirmé que ces exemples étaient nombreux. On lit dans la *Gazette des Tribunaux* du 26 octobre 1831 :

« Une commission d'enquête dont M. Duquesne était » président, a constaté en mars dernier, au quartier de la » Trinité (Martinique) des crimes horribles. Un esclave est » mort après avoir reçu deux cents coups de fouet sur les » reins, avoir été exposé toute une journée à l'ardeur du

» soleil , et enfin avoir passé une nuit attaché à terre sur
» une échelle, temps pendant lequel le ventre de cet in-
» fortuné fut mangé par des crabes..... Un autre esclave
» fut renfermé dans un cachot avec huit autres; la seule
» fenêtre qui donnait un peu d'air fut bouchée avec des
» briques , et dans cet état ces malheureux sont restés trois
» jours privés de nourriture et d'air : lorsque la porte fut
» ouverte , et que la nommée Emilienne fut portée au-de-
» hors , elle expira aussitôt. Ces cruautés étaient commises
» par un géreur , contre lequel , à la suite de l'enquête ,
» une instruction fut ordonnée; mais le mandat d'arrêt
» resta sans exécution , parce qu'on favorisa la fuite
» du coupable. »

Que dire de ces monstres qui , dans des accès de fureur,
se sont précipités sur des nègres , les ont tout meurtris,
et qui , poussant le délire et la rage à son dernier point,
ont arraché eux-mêmes des dents à leurs esclaves ! Cela
ne les empêchera pas , disaient-ils avec une ironie infer-
nale, de manger leur morue et leur farine de manioc.

Un habitant de la Capesterre a été accusé deux fois
d'avoir tué de sa main un de ses nègres , avec une atrocité
inouïe , en le dépéçant comme une pièce de gibier. Le
procureur-général en fut informé, ordonna une descente
sur les lieux et une instruction. J'ignore quel motif a pu
empêcher la poursuite; mais le crime passait pour mani-
feste, c'était la rumeur publique. Ce fait est antérieur à
l'organisation judiciaire.

Voici la discipline établie par un habitant de la Capesterre pour contenir ses esclaves.

Le preneur de rats , nègre tout infirme, est obligé de
prendre tous les jours douze rats dans les cannes à sucre.
Quand il n'a pas complété le nombre prescrit, il reçoit

douze coups de fouet, s'il lui en manque peu; mais s'il en manque la moitié, il reçoit de vingt-cinq à trente coups. Les autres habitans n'exigent ordinairement que sept et même six rats, souvent ils se contentent de moins: qu'on juge donc du nombre de coups que doit recevoir tous les jours le pauvre nègre de ce monstre !

Les gardiens de ses troupeaux en ont la responsabilité absolue. Si un veau, un bœuf, un agneau, etc., viennent à mourir, le nègre qui en est chargé reçoit un *trois piquets* sans rémission: vice de conformité en naissant, accident bien avéré, maladie, etc., rien ne peut mitiger cet arrêt inexorable, c'est un ordre établi; et cependant point de récompense, pas un sou de gratification pour le croît ou l'amélioration des animaux.

Les enfans de huit ans sont obligés, chez lui, de garder les troupeaux, et sont soumis à la discipline des grands nègres; ils sont taillés comme eux, et j'ai vu sur ces petits êtres, si intéressans par leur malheur, des stigmates qui ne laissaient aucun doute sur la férocité de leur tyran !

S'il craint que, par suite d'un châtiment, une de ses négresses parte marronne, ou bien si elle est prise en marronnage, il lui fait mettre au cou ou au pied une énorme chaîne, à laquelle on attache un de ses enfans. J'ai vu une petite fille de six ans traîner avec peine ce lourd et pénible fardeau; comme si le crime (le crime !!) de la mère pouvait autoriser à punir cette jeune enfant d'une manière si barbare ! Son corps si faible à cet âge, et ses chairs délicates en étaient tout meurtris. Innocente créature, combien la vue de tes douleurs a fortement ému mon âme ! Comme je t'ai plaint, et comme j'ai maudit ton vil bourreau ! Que ne puis-je mettre sous les yeux de nos sensibles Françaises le tableau réel de pareils excès ! Que de puissans auxiliaires je gagnerais à la sainte cause de l'affranchissement des noirs !

Je me trouvai un jour près de l'embarcadère où ce planteur faisait charger ses sucres dans une pirogue ; trois nègres roulaient un boucaut ; le pavé était mauvais, inégal, et présentait beaucoup d'aspérités : un cercle casse dans une chute du boucaut. « Commandeur, s'écrie aussi-» tôt ce barbare, appliquez-moi ce soir trente coups de fouet » soignés à ce scélérat de tonnelier, pour lui apprendre à me » faire de si mauvais cercles ; et soignés, entendez-vous ? » Trente coups de fouet pour un cercle cassé par un accident de terrain !

C'est un fait notoire que sur quarante-quatre nègres nouveaux qu'il avait achetés à la fois dans une cargaison, tous avant six mois avaient cessé de vivre. Quelle horreur ! quelle épouvantable boucherie !

Cet homme est si connu par son humeur féroce, que deux ateliers se sont révoltés pour ne pas lui être vendus. Quant on veut effrayer un nègre dont on est mécontent, on le menace de le vendre à cet habitant ; cela suffit pour le corriger.

Les journaux ont raconté les forfaits de Sommabert, ce vampire créole, qui, dans ses emportemens, se faisait un jeu de mutiler ses esclaves et de leur arracher la vie.

J'ai vu trois nègres redouter tellement les tourmens dont les menaçait le courroux de leurs maîtres que, pour s'y soustraire, ils se sont jetés dans la mer, deux du haut d'une falaise, et le troisième s'y est lancé d'une pirogue pendant qu'on le ramenait à l'habitation.

Un habitant, sur le compte personnel duquel je me tairai, m'a raconté, devant plusieurs personnes, le trait suivant de son père, fameux par sa sévérité et ses richesses.

« Mon père, se trouvant à la Martinique, où il avait des propriétés, fut invité à dîner par le gouverneur. Pendant le repas, le gouverneur, qui devait bientôt partir pour la France, lui proposa de lui vendre un des nègres qui les servaient à table, excellent domestique, dont il lui vanta les précieuses qualités. Mon père se tournant vers cet esclave, lui demanda s'il voulait le servir. Sa réputation de sévérité était si bien établie, que le nègre, qui redoutait de lui être vendu, lui répondit franchement que non, et fit un geste négatif. Mon père feignit de ne l'avoir pas compris, et dit au gouverneur que le marché était conclu, et qu'il lui en donnerait le prix qu'il désirerait. Il emmena le nègre avec lui à la Guadeloupe. Tu as déclaré que tu ne voulais pas me servir, lui dit-il, j'y consens; tu n'auras rien à faire : voici ta case. On lui met, par son ordre, une grosse chaîne au pied; puis on l'enferme dans une petite hutte grillée, ou loge à chien, placée sur la terrasse attenante à la maison. En vain ce malheureux lui demanda pardon les larmes aux yeux, en vain lui assura-t-il qu'il le servirait en nègre fidèle; mon père fut inexorable. Ce noir vécut trente ans dans ce réduit, et quoique pendant ce long laps de temps mon père passât mille fois le jour près de cet infortuné, quoique souvent des étrangers s'apitoyassent sur son sort, implorassent l'oubli de sa faute, jamais il ne se laissa fléchir. Cet esclave mourut dans cette dure prison. »

Si l'on avait le moindre doute sur la véracité de mes récits, qu'on aille consulter les stigmates qui couvrent les corps de tant de victimes : ces cicatrices seront éloquentes, elles respirent une affreuse vérité. Qu'on interroge toutes ces fosses qu'a creusées clandestinement un reste de pudeur, le long des ravines qui coupent les habitations ; elles recèlent de nombreux cadavres dont on a voulu dérober la connaissance au public, de peur de terribles commentaires.

Nègres marrons.

Cet axiome effrayant, admis par les habitans et les géreurs comme loi suprême et conservatrice, qu'il faut toujours conduire les nègres par la crainte et par la terreur,
les pousse vers les bois pour la moindre faute. Ils sa-
vent que leur maître est inexorable ; la fuite est donc leur
seule ressource ; comment éviter autrement les éclats de
ses fureurs ? N'attribuons donc qu'à cette excessive sévérité qu'on déploie contre eux cette désertion d'un grand
nombre de nègres qui vont peupler les bois. Presque tous
se réfugient dans les forêts qui couronnent les montagnes
dont la chaîne s'étend de la Basse-Terre jusqu'au Lamen-
tin, à peu de distance de la Pointe-à-Pitre. Là se trouvent
des camps qui contiennent douze à quinze cents marrons.
Le choix du terrain, son assiette, les aspérités qui l'envi-
ronnent, les ravins qui le baignent, les vallées voisines
que les marrons cultivent, tout annonce souvent un camp
dressé par un chef habile, qui a tout prévu, tout préparé
pour se mettre à l'abri d'une attaque, et avoir des vivres
suffisans.

Les camps sont entourés de fossés. L'intérieur est oc-
cupé par les ajoupas, construits symétriquement et en
ligne. La police en appartient au chef, qui a le pouvoir le
plus étendu. C'est celui qui est réputé le plus hardi et le
plus brave qu'on élève sur le pavois. Tous obéissent au
moindre signe de ses volontés. Il désigne les habitations
sur lesquelles on doit tenter des excursions, et y enlever
tantôt un bœuf, tantôt quelques moutons, ou des vo-
lailles que l'on rapporte au camp. Des sentiers qui ne sont

connus que d'eux seuls y conduisent à travers des bois touffus, impénétrables, coupés par des ravins et des rochers.

Le nègre Mont-Choachi est le chef de camp le plus fameux des marrons modernes. Il s'appelait le Roi des rois, et son nom inspirait au loin la terreur. Les coups d'autorité dont il a frappé plusieurs fois ses subordonnés, et ses expéditions sur quelques habitations dont il avait à se plaindre, annoncent chez lui de la hardiesse, de la force d'âme et toutes les qualités d'un homme supérieur, fait pour en commander d'autres. Il fut pris, en 1826, par une patrouille du Petit-Bourg, et mourut dans les cachots de la Basse-Terre.

Ces forêts produisent une grande quantité de tubercules très-variés, qui forment un des articles importans de la nourriture des nègres-marrons. Ils y cultivent eux-mêmes plusieurs racines, telles que les patates, les madères et les ignames. On y voit quelquefois de belles bananières dont le fruit savoureux est si recherché par les nègres et les blancs. Les rivières, dans ces quartiers, sont poissonneuses jusqu'à leurs sources, et les marrons y font des pêches abondantes.

Des relations sont établies entre les nègres-marrons et ceux des habitations. Il se fait entr'eux un commerce d'échanges. Les marrons apportent du charbon, des poissons, des agoutis et des gommes, et reçoivent des instrumens, du tafia, du tabac, de la farine de manioc et des salaisons. Ils apprennent aussi souvent par cette voie, quand, comment et par où les patrouilles doivent les attaquer.

Les nègres-marrons ont une sorte d'organisation. Les camps ont entr'eux des correspondances; des mots d'ordre sont donnés par les chefs. Pleins de défiance pour les nouveaux venus, ils ne les admettent pas toujours aux droits de leur cité sauvage. Si un des nègres du camp reconnaît celui qui se présente, et le signale comme un traître, sa sentence est prononcée, il meurt.

Quelques habitans ont pour règle, lorsqu'un de leurs nègres part marron, de faire mettre aux fers, non seulement ses plus proches parens, comme son père, sa mère, ses sœurs, mais encore la femme avec laquelle il vit. S'il en a plusieurs, on les prend toutes également. Ces malheureux sont enchaînés deux à deux, et assujettis à travailler sans relâche, même le dimanche, et à coucher au cachot, jusqu'à ce que leur parent ou ami marron revienne. D'autres habitans font travailler l'atelier entier, jusqu'à ce que les absens reparaissent et se rendent.

Des peines sévères sont portées contre quiconque recèlerait des nègres marrons. Malgré ces défenses, plusieurs habitans des hauteurs en occupent un grand nombre. D'autres, placés au bord des bois et plus exposés à leurs incursions, font des traités avec eux. Les habitans s'engagent à ne pas les dénoncer, et à ne pas aller les attaquer ; de leur côté, les marrons s'obligent à ne pas leur enlever leurs produits ou leurs bestiaux, et à leur ramener les nègres de l'habitation qui iraient les joindre. Rarement les nègres enfreignent ces conventions, tant ils sont fidèles à leur parole !

Un des côtés les plus odieux de la législation coloniale, et qui décèle le plus sa barbarie, c'est le pouvoir donné aux commandans de quartier de faire courir sur les noirs marrons, comme sur des animaux sauvages. Sur un simple permis ou ordre de patrouille, délivré par le commandant d'un quartier, l'individu qui en est porteur, se rend dans les bois, suit les marrons à la piste, se met à l'affut sur leur passage, et tous ceux qu'il aperçoit, et qui ne se rendent pas à la première sommation, sont tués ou blessés. C'est une vraie chasse! Les créoles se glorifient à tout venant de leurs faits d'armes dans ce genre, et ils citent leurs assassinats et leurs victimes, comme un chasseur parle des lièvres ou chevreuils qu'il a tués.

On peut reprocher aux nègres marrons d'enlever sur les habitations des bestiaux et des vivres; mais on citera très peu de meurtres commis par eux: je n'en connais pas. Voici deux traits de générosité de leur part envers deux blancs, qui donnent une haute idée de leur point d'honneur.

Le fils d'un habitant, faisant la tournée de ses cases à nègres, prend un marron qui s'y était réfugié, ou qui y était venu pour trafiquer; il le lie. C'est le chef du camp où se trouve une de ses négresses. Le jeune planteur promet de le lâcher s'il lui rend son esclave; le marron engage sa parole. Ils se mettent en marche: il faut passer dans des sentiers étroits, par des endroits glissans, monter le long des lianes qui pendent au-dessus de précipices profonds qu'il est nécessaire de franchir. Le chemin est long et périlleux, la nuit survient et les surprend, l'obscurité permet au nègre de s'échapper; mais il a promis et il ne veut pas être parjure.

Ils arrivent enfin près du camp, un grand feu y est allumé. Deux rangées de cases en forment un petit bourg. Un bruit a été entendu, l'alarme est donnée, aussitôt il se fait un cliquetis de lances et de coutelas. Le jeune créole se croit perdu. Il appuie son pistolet sur la poitrine du nègre, et le menace de le tuer, si on l'attaque. Le nègre lui répond de ne pas avoir peur, et qu'il va lui rendre sa négresse. (Pas tini péu, mouché; moi, ba vous négresse à vous.) Aussitôt il s'avance, s'annonce, et d'un mot fait rentrer tous ces noirs dans leurs ajoupas. Il appelle la négresse de cet habitant, qui était dans sa propre case, lui dit de le suivre; et, à travers les mêmes sentiers et les mêmes dangers, il ramène au bord des bois ce jeune homme, qui rentre chez lui avec sa négresse, non sans s'étonner des dangers qu'il a courus, et peut-être plus encore de la grandeur d'âme et de la générosité du nègre.

Un autre planteur dont je devrais citer le nom, pour le livrer à l'horreur publique, puisque les lois n'ont pu l'atteindre, a éprouvé encore plus la bonté et la générosité des nègres-marrons. C'est un jeune habitant dont les regards sombres et féroces annoncent l'humeur sanguinaire. Il *chassait* aux nègres-marrons, *chasser* est son mot, car il en fait son gibier. Il en est parti un; il s'élance sur ses traces, l'atteint, et sur le point de le fendre d'un coup de sabre, il est désarmé lui-même, jeté par terre et pris au cou; il croit son dernier moment arrivé. Quel fut son étonnement et sa joie, quant il vit ce nègre lâcher prise, et lui dire qu'il lui faisait grâce, parce qu'il ne voulait pas tuer un blanc! Combien les sentimens de ce noir étaient plus élevés que ceux de ce barbare planteur !

De temps à autre, les commandans de trois ou quatre quartiers conviennent d'un jour; chacun d'eux fait mettre sa milice sous les armes; et, pendant deux ou trois jours, ils parcourent les bois, et font des battues pour prendre ou tuer des marrons. Il est rare qu'on revienne d'une de ces expéditions sans avoir tué un assez bon nombre de ces habitans des bois, qui préfèrent se laisser donner la mort plutôt que de se rendre, sachant bien quel sort les attendrait s'ils retombaient dans les mains de leurs maîtres.

N'est-ce pas là le droit de vie et de mort conféré à de simples maires de villages? Ce pouvoir exorbitant, dont on use dans toute son étendue, est un des plus grands vices du système colonial. C'est par-là surtout que se fait sentir l'absence d'une organisation municipale. L'autorité des commandans de quartiers est une plaie honteuse, et une calamité, comme celle des magistrats créoles.

L'esclavage de nos colonies est plus dur et plus inhumain que celui d'aucun peuple de l'antiquité.

La cause la plus générale et la plus ordinaire de l'esclavage chez les peuples anciens était la guerre. Le droit des gens de cette époque permettait au vainqueur de disposer de ses prisonniers. Au lieu de leur arracher la vie, il la leur conservait sous la condition de le servir. L'esclavage n'était donc que la rançon de la vie. Les chances ayant été égales, et le sort des armes ayant seul décidé, le vaincu se soumettait à sa position avec moins de répugnance; c'était une consolation pour son malheur : son maître, par le même motif, allégeait le poids de sa servitude.

Les esclaves étant soumis au plus dur despotisme, celui qui pèse d'un individu sur son semblable, ont dû de tous temps être condamnés à satisfaire tour-à-tour l'orgueil, l'avarice, l'insolence et la cruauté de leurs maîtres. Quelques-uns cependant ont joui d'un sort plus doux, suivant le caractère de leurs maîtres, ou la civilisation du peuple chez lequel ils vivaient.

Chez les Egyptiens, par exemple, les lois interposaient leur salutaire médiation entre les fureurs du maître et l'esclave opprimé. Elles punissaient sévèrement les attentats contre sa vie. Le temple d'Hercule était constamment ouvert aux esclaves, qui y cherchaient un asile contre les persécutions de leurs maîtres.

Le législateur des Juifs fut plus favorable encore aux esclaves. Il fit une obligation de la douceur à leur égard. Il ordonna que les mauvais traitemens fussent une cause suffisante de l'affranchissement des esclaves. D'après la loi de ce peuple, l'esclavage d'un homme ne pouvait durer que jusqu'à l'année sabbatique, en sorte qu'il ne pouvait être esclave plus de six ans, et souvent beaucoup moins.

Les mœurs douces des Athéniens, leur civilisation, leurs lumières les rendirent dignes de donner à l'Europe des exemples d'humanité envers les esclaves, comme ils lui livraient leurs chefs-d'œuvre dans les arts libéraux. La loi chez eux avait fixé le prix des affranchissemens, et donné aux esclaves des moyens de se faire des économies qui leur permissent de se racheter. L'affranchissement était encore leur récompense pour des services rendus à des particuliers ou à la république.

Un maître poussait-il son pouvoir jusqu'à la barbarie ? Athènes avait un temple dédié à Thésée, où les esclaves pouvaient se réfugier, jusqu'à ce que le magistrat eût prononcé sur le délit dont ils se plaignaient. Les esclaves pouvaient encore poursuivre en leur propre nom les citoyens qui leur avaient causé quelque tort ; en un mot, ils jouissaient de tous les priviléges inséparables des bonnes lois, dans un pays où la justice et l'amour de l'ordre étaient préférés au crédit et à l'opulence. Aussi n'y eut-il à Athènes qu'une seule révolte d'esclaves, pendant toute la durée de la république ; tandis que les Spartiates qu'une fausse politique engageait à maltraiter les Ilotes, et qui les massacraient souvent, dans le seul but de s'accoutumer au sang, coururent plusieurs fois le plus grand danger par les efforts désespérés que faisaient les esclaves pour recouvrer leur liberté.

Tant que les Romains furent fidèles à la vertu, vrai principe et base de la république, ils traitèrent leurs esclaves avec douceur. Ils furent justes et modérés avec eux.

S'ils découvraient en eux des germes de génie, loin d'en prendre ombrage, ils cherchaient à le développer, en les faisant instruire dans les belles lettres et les arts libéraux. Telle est l'éducation qui a produit Phèdre et Térence. Il était permis à ces esclaves de consacrer leurs loisirs à une profession lucrative, et quand ils avaient amassé une somme suffisante pour se racheter, on ne refusait jamais leur rançon.

Un gouvernement despotique ayant succédé à celui d'un peuple libre et généreux, l'asservissement des maîtres appesantit le joug des esclaves. C'est à cette époque que les combats de gladiateurs devinrent le spectacle favori des Romains, et que l'on vit sur leurs théâtres jusqu'à deux milles esclaves ou prisonniers de guerre expirer à la fois.

Il me répugne de parler de la servitude de nos pères. S'ils furent humiliés long-temps, ils ont légué aussi à tous les esclaves du monde un grand exemple à suivre. Ils ont brisé leurs fers, et des débris de leurs chaînes ils ont immolé leurs tyrans.

En rapprochant cette courte analyse sur l'état des esclaves chez les différens peuples de l'antiquité, du récit que nous avons fait des traitemens que subissent les noirs dans les colonies, il en résulte évidemment que ces derniers sont plus malheureux, et traités avec moins d'humanité.

Le climat de l'Italie et celui de la Grèce sont les plus beaux et les plus sains. Peut-on les comparer à ce soleil brûlant des tropiques, sous lequel sont condamnés à travailler les Africains ? La culture des colonies est bien plus difficile et plus pénible que celle d'Europe.

Admettons que les châtimens des anciens fussent aussi cruels, aussi terribles que ceux des colonies; que le sang des esclaves coulât sous leurs coups, comme il est versé chaque jour par les planteurs: au moins ils avaient l'espérance que leurs tourmens auraient un terme, ils pouvaient se créer un pécule et obtenir leur manumission, tandis que le terrible jamai s est prononcé pour les noirs.

Les obstacles mis à l'affranchissement, dans les colonies, n'équivalent-ils pas à un refus formel? Le maître n'est point libre, comme chez les Romains, d'affranchir son esclave. Il faut qu'il s'adresse au gouverneur, qui ne peut délivrer qu'un petit nombre de patentes de liberté, et encore fixe-t-il une somme considérable, qu'il faut payer d'avance, sous prétexte d'assurer au fisc le droit de capitation: en sorte qu'il faut s'imposer un double sacrifice; et même à ces conditions, il est rare et très-difficile de faire acquiescer à votre demande.

Chez les Romains, la seule déclaration du maître, faite dans les temples ou devant les préteurs, suffisait pour faire obtenir la liberté, et cette liberté n'était pas restreinte comme celle des hommes de couleur dans les colonies. Les affranchis passaient de suite à l'état de citoyens, et participaient à tous les privilèges de la cité (1). La patente de liberté à la Guadeloupe est un certificat d'infamie, un titre qui entache l'origine des affranchis. La liberté de savane est un abus, un signe de la perfidie et de l'égoïsme des colons. Ils en ont fait une position mixte, vicieuse, in-

____

(1) L'auteur, profitant des connaissances qu'il a puisées dans les colonies, publiera bientôt son opinion sur le mode d'affranchissement et d'amélioration qui lui paraît le plus convenable dans les temps actuels.

compatible avec un ordre public bien établi, et avec de vraies idées libérales. C'est une nouvelle ligne de démarcation au profit de l'aristocratie coloniale, la plus ridicule et la plus absurde de toutes, car là, comme l'a dit M. Delaborde, elle n'a pour motifs que la différence dans les couleurs.

Les esclaves des anciens exerçaient les arts libéraux, et pouvaient se livrer au commerce; ils étaient secrétaires, commis, architectes et auteurs. Alcman, Épictète, Ésope, Phèdre et Térence n'ont point vu leur génie étouffé par le despotisme de leurs maîtres. Malheur à l'esclave qui, dans les colonies, saurait seulement lire et écrire ! toutes sortes de soupçons planeraient sur lui sans cesse : on redouterait des correspondances, des révélations de sa part; la mort ou un cachot perpétuel seraient sa seule perspective.

Chez les Athéniens et chez les Égyptiens, les magistrats recevaient les plaintes des esclaves contre les excès et les fureurs de leurs maîtres; des temples, comme nous l'avons dit, étaient toujours ouverts, et leur offraient un asile inviolable contre la brutalité et l'injustice. Dans nos colonies, les noirs sont des hommes frappés de mort civile; inventoriés comme les bœufs, les chevaux et les instrumens aratoires, *ils ne sont que la chose du maître*, un automate agissant par ressorts, un agent qui reçoit l'impulsion et marche pressé par une force supérieure : c'est le dernier degré de l'abjection et de l'avilissement.

Ceci nous conduit à une objection qui se retrouve dans toutes les bouches, et que les colons exploitent avec habileté. Chacun est intéressé, dit-on, à la conservation de sa propriété. Conçoit-on dès-lors que, de gaîté de cœur, et pour satisfaire un caprice, on consentit à sacrifier sa fortune? Les planteurs ne doivent pas plus maltraiter leurs esclaves que leurs bestiaux; et, s'ils cherchent à conserver un bœuf ou un cheval, pourquoi voulez-vous qu'ils soient indifférens à la perte d'un esclave, qui leur coûte plus cher, et qu'ils remplacent plus difficilement?

Cet argument paraît fort et il n'est que spécieux. Dans les colonies, la propriété n'a pas le caractère de stabilité qu'elle présente en France : les ouragans, les guerres, les révoltes, les maladies qui ravagent ces contrées, tous ces fléaux, sans cesse menaçans, donnent à tous le désir de n'en faire qu'un lieu de passage. Là, chacun cherche à réaliser pour regagner la France : il faut un travail opiniâtre pour amasser des capitaux; il faut s'enrichir vite pour abréger le temps de l'exil. Les nègres sont précisément les instrumens passifs de ce désir immodéré des richesses; ce sont là les machines dont on se sert dans ce genre d'exploitation; un travail modéré retarderait trop; on le force, et les expédiens sont la rigueur, une discipline rude et terrible. En quatre ans, le nègre paie ce qu'il a coûté, et, comme le surplus de sa vie est tout bénéfice pour le maître, on l'emploie sans relâche et sans ménagement. C'est un cheval de poste, qui doit arriver à l'heure, pressé par le fouet. Qu'importe qu'il souffre, qu'importe qu'il meure au bout de la course, pourvu qu'il arrive.

Cette comparaison est accablante pour vous, messieurs les colons; vos animaux domestiques reçoivent de vos mains, moins avares pour eux, une nourriture suffisante pour leurs besoins, tandis que vos nègres sont obligés de la demander furtivement à la terre, dans les instans de repos, et pendant les plus brûlantes chaleurs de la journée. D'ailleurs vos bœufs et vos chevaux sont-ils déchirés à coups de fouet comme vos nègres ? Faites-vous jaillir leur sang avec la même férocité ? Il n'y a pour eux ni cachot étroit et infect, ni *quatre piquets*, ni chaînes, ni colliers de fer armés de pointes, ni tous ces raffinemens qu'invente votre barbarie ! Vous ne craignez pas de leur part une révolte ou une revendication de leurs droits ; ces animaux sont soumis parce qu'ils doivent l'être ; mais, pour vos esclaves, vous redouteriez de compromettre votre autorité, si l'indulgence faisait place un moment à votre humeur sévère. Vous savez qu'au fond de ces cœurs d'homme germe toujours l'idée de la dignité humaine, qu'un noble espoir n'y est jamais éteint ; une étincelle pourrait rallumer le feu sacré de la liberté, et cette étincelle produirait un incendie capable de vous dévorer. Il faut donc qu'à force de châtimens vous les environniez d'une terreur permanente, et ils souffrent, et ils meurent sous vos coups.

Je ne m'abaisserai point à répondre à ceux qui ont eu assez peu de pudeur pour oser comparer les esclaves des colonies à nos paysans. Ils nous vantent le bonheur des esclaves ; je les croirai sur parole, malgré ce que j'ai vu, si, à l'exemple de plusieurs personnages de l'histoire, ils veulent partager le bonheur de cette position. Dioclétien et Cyrus le jeune se firent jardiniers par sympathie pour les habitans des champs ; Pierre-le-Grand se fit charpentier pour étudier la construction des vaisseaux. Que les partisans de l'esclavage suivent ces illustres exemples ; qu'ils passent en Amérique ; s'ils y sont, la chose sera plus facile ; et qu'ils partagent pendant quelque temps le sort de ceux qu'ils disent si heureux : après cet essai, je m'en rapporterai à leurs assertions, s'ils persistent. Je les engage donc à éprouver la mansuétude des commandeurs, la volupté des coups de fouet, la saveur d'une morue infecte, la nudité, les ondées, la misère, les caprices de l'insolence, les fureurs de la brutalité, et puis, s'ils ont des femmes ou des filles, l'inexprimable charme de satisfaire à volonté les fantaisies de leurs tyrans.

Conclusion.

Si les lois prohibitives de la traite des noirs avaient été rigoureusement exécutées, elles auraient mis fin à l'esclavage, qui ne s'alimente que par de continuelles importations d'Africains.

En effet, la population esclave, dans les colonies, va tellement en décroissant, que les morts excèdent les naissances de plus d'un quinzième de la masse totale. Le calcul est facile à établir. La population esclave, à la Guadeloupe, va de soixante-quinze à quatre-vingt mille. Ce chiffre n'est pas dépassé depuis long-temps. Et cependant, d'après les aveux nombreux qui m'ont été faits par des armateurs négriers du pays, et par ceux des habitans que j'ai interrogés, le nombre d'Africains importés annuellement à la Guadeloupe est au moins de six à sept mille. J'ai pu d'ailleurs m'en convaincre moi-même en parcourant les habitations. Ce nombre de noirs importés établit même une proportion plus affligeante de décès. Il en résulte évidemment que si ces importations n'avaient pas eu lieu, la race nègre serait totalement détruite dans le court espace de quinze ans. Pour la maintenir au chiffre où elle est, il faut la vivifier chaque année par de nouvelles recrues.

C'est donc par la traite que se conserve l'esclavage.

Si une véritable philantropie avait inspiré la diplomatie européenne; dans ce pacte solennel de l'abolition de l'infâme trafic des noirs, il aurait fallu d'abord proclamer l'émancipation des esclaves, et déclarer que l'avilissement de la nature humaine avait cessé; que l'homme, sous quelque soleil qu'il fût né, reprenait l'exercice de ses droits, marchait libre de ses fers et l'égal des tyrans qui l'avaient opprimé. La traite se trouvant sans but serait tombée d'elle-même : cette marchandise n'aurait plus eu de cours.

Etrange inconséquence ! Nos lois prohibent la traite, et des ordonnances maintiennent l'esclavage aux colonies. Or, si l'esclavage subsiste, la traite continuera, malgré vos défenses et vos croisières. Vous ne pouvez former un cordon de bâtimens autour de la malheureuse Afrique, et la cupidité, dans son aventureuse audace, éludera toutes vos mesures coërcitives. Laisser subsister une telle cause et l'empêcher de produire son effet n'est pas au pouvoir de l'homme.

Non seulement les puissances européennes ont totalement manqué la fin qu'elles s'étaient proposée ; mais elles ont encore aggravé le sort des malheureux Africains. En effet, lorsque ce commerce était autorisé par les lois, il était surveillé, pour en prévenir les abus, et adoucir le sort de ces tristes habitans de l'Afrique. Aujourd'hui l'avide traitant livré à lui-même, et débarrassé de toute entrave, ne règle sa conduite que sur ses bénéfices, et ne fléchit devant aucune considération d'humanité ou de religion.

Les côtes des îles sont si mal gardées, que les navires négriers arrivent sans crainte et presque sans inquiétude. Vingt de ces navires environ importent annuellement l'un dans l'autre trois cents Africains dans la seule Guadeloupe. Croira-t-on que le gouvernement a fermé les yeux sur ces violations criantes des lois prohibitives de la traite ? Aucun de ces moyens faits pour épouvanter les coupables n'a été pris pour arrêter cette dégoûtante contrebande. Aussi tant que l'esclavage subsistera, les lois prohibitives de la traite ne seront qu'une menace impuissante. C'est l'esclavage qu'il faut détruire ; c'est là le cri éternel de la raison et de l'humanité.

En effet, se proclamer peuple libre, et faire en même temps une si odieuse exception à ce principe, à l'égard d'une caste nombreuse, c'est mentir à son droit public. Continuons de prêcher notre respect pour la liberté individuelle, la garantie des citoyens dans la vigilance des magistrats, gardiens des lois, et laissons commettre avec indifférence, sous notre autorisation, ces violences multipliées et journalières faites à la dignité humaine. Oui, tant que le hideux esclavage sera toléré aux colonies, et y traînera ses chaînes sanglantes sous les yeux des magistrats français, nos cris de liberté ne seront qu'une vaine jactance, nos promesses, qu'une indigne déception.

La révolution de juillet, qu'une peur exagérée de l'esprit de propagande a rendue moins hardie dans ses améliorations que la grande révolution de 1792, n'a porté jusqu'ici qu'un regard timide et presque indifférent sur les infortunés esclaves de nos colonies. Ils souffrent; mais ils sont si loin ! Leurs gémissemens ne se font pas entendre au milieu de nos cités ; leurs douleurs ne sont pas comprises; on n'y croit pas. Il y a si loin de ce despotisme atroce d'un individu sur son semblable à cette égalité que nous proclamons entre citoyens ! Cependant ces maux sont réels et affreux. Ils sont infligés au nom d'une loi française et par des Français. Pouvons-nous y rester indifférens, et ne pas appeler l'attention du gouvernement et des chambres sur des horreurs si exécrables !

Et pourtant les journaux ont retenti de vives récriminations contre le ministère français, qu'ils ont accusé de perfidie à l'égard des patriotes italiens. Des voix éloquentes ont fait entendre, à la tribune française, des plaintes amères contre cet abandon. Il y a, dans ce langage et dans ces reproches, une générosité flatteuse pour la France. Ce haut protectorat l'honore ; là du moins sa diplomatie a cherché à atténuer des maux que ses armes n'avaient pas prévenus.

Mais pourquoi le silence de ces mêmes journaux, pourquoi le silence de la tribune, au récit des exécutions nombreuses qui avaient lieu à la Martinique? Les vingt-six cadavres suspendus dans un seul jour à autant de gibets, sur la place de St.-Pierre, ville française, les cachots de cette même ville regorgeant d'autres malheureux nègres auxquels un semblable supplice est réservé; tout cela n'a ému aucun de nos publicistes. A peine une mention a-t-elle été faite dans les journaux, comme s'il s'agissait d'un de ces verdicts ordinaires d'un jury, qui vont éveiller la curiosité blasée des lecteurs de nos feuilles publiques.

On a assimilé ces nègres à des incendiaires qui ne commettent qu'un crime matériel. On n'a pas cherché à savoir quelle cause leur avait mis des torches à la main. Leur révolte (que d'autres l'appellent un crime !) était juste; car là où il n'y a pas de droits, il n'y a pas de devoirs. Et que voulaient donc ces esclaves de la Martinique ? Faisaient-ils autre chose que de marcher sur nos traces? Et nous les condamnons au dernier supplice, pour avoir proféré ces cris d'indépendance que poussaient dans l'attaque les héros de juillet ! Ceux-ci ne combattaient cependant que pour des modifications au droit public de la France : et ces esclaves, sur une terre soumise à la France, demandaient de reprendre leur titre d'hommes; de ne plus être traités à l'égal des brutes; de ne plus voir leur vie le jouet des plus ignobles tyrans; de ne plus répandre leur sang et des larmes intarissables jusqu'à ce jour, pour les caprices et les fougueuses fantaisies d'un maître avide et sanguinaire.

Du reste, si nous sommes sourds aux cris de l'humanité, que l'égoïsme nous conseille mieux. Pourquoi se taire en finissant ? Cette longue tyrannie a amassé contre nous des trésors de vengeance. Craignons que la patience des noirs ne finisse par se lasser, et que ces droits que nous leur refusons, ils ne se lèvent pour les reconquérir au prix de nouvelles et sanglantes catastrophes.

Eux aussi ont voulu avoir leurs glorieuses journées et leurs héroïques barricades. Et tandis que nous avons des décorations pour les patriotes parisiens, nous n'avons que des fers et la mort pour leurs émules. Nous ouvrons à nos héros le panthéon et nous gravons leurs noms sur des tables d'airain : et les noms de ces pauvres noirs, obscurs et flétris, ne vivront que dans les archives des cours d'assises. Ah ! comprenons mieux la liberté, ou voilons d'un crêpe funèbre la bannière aux trois couleurs replacée sur l'immortelle colonne.

Dans une assemblée du peuple à Athènes, un citoyen fit la proposition d'établir des combats de gladiateurs, à l'imitation des Romains, dont ils avaient subi le joug. Un vieillard, ami de son pays et de l'humanité, s'écria : J'y consens ; adoptons la proposition qui nous est faite ; mais venez d'abord m'aider à renverser l'autel élevé à la miséricorde, ce monument de la piété et de la douceur de nos pères. Les Athéniens confus refusèrent de souiller leur ville par ce spectacle sanguinaire.

Nous sommes plus avancés que les Athéniens; nous gardons les autels de la liberté, et nous maintenons l'esclavage !

PARIS. — IMPRIMERIE DE BÉTHUNE, RUE PALATINE, Nº 5.

PARIS. — IMPRIMERIE DE BÉTHUNE,

RUE PALATINE, N° 5.